Niels Hemmingsen

Antidotvm adversvs pestem desperationis

Heilsame Artzney, wider die arge Seuche der Verzweiffelung Nicolavs Hemmingivs

ANTIDOTVM ADVERSVS PESTEM DESPERATIONIS.

Heilsame Artzney/ wider die arge seuche der verzweiffelung.

NICOLAVS HEMMINGIVS.

Verdeutscht durch
Heinrich Räteln.

In verlegung Johan vnd
Friderich Hartmans.

ANNO
M. D. LXXXX.

Den Ehrnue-

sten / Achtbarn / Hochge-
lerten vnd Hochweisen Herrn / Bur-
germeister vnd Rathmannen der nam-
hafften vnd berhümbten Stad Görlitz / rc. meinen grosgünstigen lieben Herrn vnd guten Gönnern.

Ehrnueste / Acht-
bare / Hochgelarte-
rñ Hochweise Gros-
günstige Herrn / Ew-
rer Ehrnueste Acht-
barkeit vnd Ehrbarn
Weisheit / seind meine gantz geflissene
willige dienste / mit hertzlicher wün-
schung aller glücklichen Wolfart anfenglich bereit.   Grosgünstige Her-
ren / E. Ehrn. Acht: vnd Erb: Weiss-
wissen / dz die heilige Göttliche schrifft
zeuget / wie dz in der streitenden Kirch

alhier auff Erden zweyerley Menschen sein/nemlich/Gottfürchtige vñ Gottlose. Die Gottfürchtigen betrachten GOttes Gerechtigkeit also/ vnd auff solche weise / das sie von seiner Barmhertzigkeit nimmer abweichen/vnd derhalben jmmerzu ein fein ruhiges Gewissen haben. Die andern aber/ nemlich die Gottlosen/ betrachten GOttes Gerechtigkeit auff eine andere art vnd weise / so das sie aus schrecken vnd furcht für dem gerechten vnd gestrengen Gericht Gottes/ an Gottes Güte vnd Barmhertzigkeit schendtlich verzweiffeln vnd verzagen.So viel mehr nun die Gottfürchtigen sicher sein / das sie allein durch die Barmhertzigkeit GOttes bewart vnd erhalten werden/ vmb so viel mehr setzet jhnen der Teuffel zu/ mit seiner list vnd behendigkeit. Dessen

sen wir viel Exempel haben in der heiligen Schrifft. Wider solchen anlauff vnd anfechtung des Teuffels sollē sich Gottfürchtige Gemüter vnd hertzen rüsten vnd verwaren/auff das sie sich aus solchen anfechtungen flechten vn̄ wircken / vnd dem Teuffel obliegen/ vnd in solcher Victori stanthafftig verharren/vnd andern Leuten ein gut exempel vnd anleitung geben mögen. Vnd do sie je bißweilen strauchelten/ vnd einen feiltrit theten/ sollen sie sich bald wider auffrichten / vnd bey leibe nicht / wie Pharao / Saul / Juda / Simon vnd andere / an der Barmhertzigkeit vnd Gnade Gottes verzagen noch verzweiffeln.

SOlche köstliche Artzneyen für schwache vnd blöde Hertzen / hat der Gottselige Hochgelahrte vnd Fürtreffliche Lehrer der Kirchen Gottes

A iij   in

im Chriſtlichen Königreich Denne-
marck Herr D. Nicolaus Hemmin-
gius,in einen kurtzen tractat verfaſſet/
welchen er intitulirt hat: Antidotum
contra peſtem deſperationis, &c.
Welchs büchlein/als es mir vngefehr
zu handen komen / ich wirdig geach-
tet/aus dem Latein/in vnſere deudſche
ſprach zubringen/vnd allen frommen
Chriſten/ zu ſonderlicher verwarung
wider des böſen Feindes liſttge anſchle
ge vnd betrieglichen anlauff/ in dieſen
letzten geſehrlichen leufften / vnd be-
trübten elenden zeiten/mit zutheilen.

Dieſes edles vnd tewres/ werdes/
hochnützliches büchlein / vnd was ich
mit verdeutſchung Chriſtlicher wol-
meinung daran gearbeitet / hab E.
Ehrn. Acht. vnd Erb. Wei. als meinen gˉosgünſtigen Herrn/vnd ſonder
guten Gönnern/ ich zur verehrung
vnter-

vnterdienſtlich darſtellen wollen/nicht
das dieſelben ſolches Berichts (deſſen
ſie Gott lob/ ohne das kündig) noch
auch meiner verſion bedürfften/ſon-
dern das ich dardurch dem Büchlein
mehrer autoritet conſilyren, vñ mein
dinſtwilliges Gemüt gegen E. Ehrn.
Acht. vñ Wei. etlicher maſſen zuuer-
ſtehen geben möchte. Bitte ſolches im
beſten zuuermercken.   Der fromme
Gott/ wolle ewer Stad Kirch/ ſchul
vnd Gemeine ſegnen vnd bewaren/
vnd in langwiriger wolfart erhalten/
in ſeinem geliebten Son Jeſu Chri-
ſto/Amen. Datum Sagan den 24.
May/ Anno 1590.

E. Ehrn. Acht. vnd Erb. Weiß.

Gantz dinſtwilliger

Heinrich Rätel.

A iiij   Heil

Heilsame Artz-
ney/wider die arge seuche
der verzweiffelung.

As der HERR Christus in seinem To-deskampff/seinen Jün-gern einbildet vñ befih-let / das sollen wir dar-für halten / das es vns allen auch an-gehe. Wachet/sagt er/vnd betet/auff das ihr nicht in Versuchung fallet / Durch welche Wort wir erinnert werden / in was Grosser gefahr wir schweben / so lang wir in dieser Welt wallen / Vnd mit was grossem fleiß vñ sonderlicher fürsichtigkeit wir vns verwaren sollen / für der Feinde List vnd Betrug / Vnd welcher massen solchs

HErr
in seiner
seinen
der ein
len von
en auch an
betet/au
ng fallen.
ermanen
fahr wir
ser Welt
ssem fleiß
it wir vns
Feinde Lis
er massen
solchs

solchs geschehen kónne vnd solle. Mit
dem Wort / Wachet / wird nicht allein zuuerstehen gegeben/dz wir Feinde vnd Widersacher haben / vnd das
wir von jhnen gantz vmbringet vnd
vmbgeben sein / sondern wir werden
auch ermanet vns mit hóchstem fleiß
für der Feinde/ des Sathans/ vnsers
Fleisches/vnd der Welt list vnd betrug
fürzusehen vnd zuhüten/auff das vns
diese schreckliche hefftige Feinde/nicht
irtzgent oberfallen / vnsern Glauben
verkeren/ vnser gewissen verwunden/
vnd vns der weissen Kleider / darmit
vns der HErr Christ vnser Breut-
gam geschmückt vnd geziert hat / be-
rauben. Selig (spricht der HERR
Apoc. 16.) Selig ist der da wachet/
vnd helt seine Kleider/ dz er nicht blos
wandele. Es seind aber der Christen
Kleider/die Gerechtigkeit vnd die hei-
A v   ligkeit.

gkeit. Die Gerechtigkeit wird angezogen durch den glauben/ Den Christi gehorsam/ welcher der Christen gerechtigkeit ist/ wird den Gleubigen zu-
gerechnet. Die heiligkeit wird angezo-
gen/ durch den H. Geist / Denn den
Gleubigen/ vñ die durch den glauben
gerecht worden seind/ wird der heilige
Geist geschenckt / welcher in jnen solche regungen vñ bewegungen wircket
wie er selbs ist/ Daher kompts/ dz vnser gehorsam als dañ willig vñ mun-
ter ist. Nu wil der HErr/ dz wir solche
kleider verwaren sollen / auff das wir
nit blos wandeln/ so vns vnsere Feinde / der Sathan / die Welt vnd das
Fleisch auszihen solten. Sintemal es
aber nicht in menschlichem vermögen
stehet/ solchen vñ so grausamen Feinden widerstand zuthun vnd zubegeg-
nen/ heisset vns der HErr beten/ auff
das

das wir diß/so wir von vns nicht ver-
mügen/in Christo/ vnd durch Christum haben vñ erlangen mögen. Seit
getrost spricht er / ich hab die Welt v-
berwunden/ Joh. 16. Hieher hat ge-
sehen Johannes/da er schreibt/1. Joh.
5. Vnser glaube ist der Sieg/ der die
Welt vberwunden hat. Denn gleich
wie wir Christum durch den glauben
besitzen/ also werden wir auch vnsern
geistlichen Feinden durch die Krafft
Christi obligen / vnd ihnen ansiegen.
Derhalben weil wir mit vnsern Feinden stets zukempffen vñ zustreiten ha-
ben/müssen wir allzeit beten vñ bitten
dz ons Christus der Siegsfürst stets
beistehen/vñ ons helffen wolt/ auff dz
wir võ vnsern Feinden vnd Widersa-
chern/ zu keiner zeit möchtē vberwunden werden. Vñ sintemal wir offt irrē
vnd straucheln (dem vnsers Fleisches
schwa-

schwacheit ist gros / vnd die Welt ist
verkert / vnd des Sathans List ist be-
hend) sollen wir vns für zwey dingen
hüten vnd fürsehen. Eins / das wir in
Sünden nicht verharren / Denn je
lenger wir vns in dem schlam der sünden weltzen / je schwerlicher wir vns
daraus wircken. Das ander / auff das
so wir võ den Feinden vmbgeben werden / vnd vns zu lang in der Sünden
schlahm weltzẽ / wir dennoch keins weges / an Gottes gnad vnd vergebung
der Sünden verzweiffeln. Denn der
erste Rath ist / zeitlich vnd im gerau-
men vmbkeren / vnd die Sünde meiden / Der ander rath / an Gottes gnade vnd vergebung der Sünden nicht
verzweiffeln. Denn an der Gnade
zweiffeln / ist das letzte vnheil. Damit
wir aber diesen anstos der verzweiffelung desto mehr meiden vnd verhüten
können

Die Ver-
hans Lichte-
zur wer Per-
finus der
rien Per-
schlang ...
licher ...
ander ...
ümbgeben ...
der Sün...
woch ...
vergebe...
Denn ...
im gerau...
ünde mei...
ortes gna...
nden nicht
der Gnade
teil. Dann
r verzweif...
nd verhüte...
können

können / hab ich zu dieser zeit / etliche heilsame Artzneyen / wider die Gifft der verzweiffelung / aus der Göttlichen Apotecka / das ist / aus der heiligē Schrifft zusamen verfassen vnd anmercken wollen. Vnd wil sagen:

I. Erstlich / Was verzweiffelung sey / vnd was für eine erschreckliche Sünde sie sey.

II. Darnach / wie man der verzweifelung begegnen sol / das sie den menschen nicht in den ewigen Tod stürtze.

Vom ersten Stück.

DIe verzweiffelung von der wir alhie vnd auff diszmal zusagen vnd zuberichten vns fürgenomen / ist eine erschreckliche zagung des Gemüts vnd Hertzens oder des Gewissens / die sich erhebt aus dem fülen

...len Göttliches zorns wider die sün-
de/vnd aus furcht für der ewigen ver-
dammnis/one einige hoffnung der gnade vnd verzeihung. Wir haben am
Cain vnd Juda die allerbetrüblich-
sten Exempel dieser Sünd der verzweiffelung. Denn sie sein alle beide
von der Drehe vnd Tümpel der verzweiffelung verschlungen worden.
Cain wird durch die empfindüg Göt-
lichs Zorns/vnd durch die Furcht der
ewigen verdammnis vergwaltiget/vnd
schreiet derhalben: Meine Sünde ist
grösser/als das sie mir vergeben werden könne. Als Judas den HErrn
verrhaten hat/reiwets jn zwar/aber er
konte nicht vmb/sondern spricht: Ich
hab vbel gethan / das ich vnschüldig
Blut verrathen habe. In Cain entstehet aus der verzweiffelung/die ver-
stockung/ neben entlicher verachtung
Gottes

Gottes vnd der Kirchen. In Juda er-
folgt aus der verzweiffelung der Tod-
schlag/das er sich selbs vmb bringt/in
dem er den grossen schmertzen nicht
ertragen kan. In diesen zweyen exem-
peln der verzweiffelung / hat die verzweiffelung vnterschiedliche vrsprün-
ge. Denn in Cain entspringt die verzweiffelung aus heucheley/vnd das er
trawt auff sein verdienst vnd wirdig-
keit/dere eigenschafft ist/ alle die feint-
lich vnd grausamlich zuhassen vnd zu-
uerfolgen/die seinem aberglauben nit
folgen. Welchs Johannes 1. Epist. 3.
mit diesen worten anzeigt: Warumb
hat Cain seinen Bruder Abel erschla-
gen? darumb das seine Werck böse
waren / seins Brudern Werck aber
waren gut. Darumb so folgt im Cain
auff die heucheley vnd gleißnerey/ der
haß vnd neit wider seinen fromen vnd
gerech-

gerechten Bruder/auff den haß folgt
der todschlag.Daher quelet vnd eng-
stet in sein böses gewissen/dazu schlegt
die verzweiffelung an Gottes gnade
vnd an der vergebung der Sünden/
welche/ nach dem sie oberhant geno-
men/vñ verhartet/ist aus Cain worden der höchste vnd ergste Verechter
Gottes vnd Verfolger der Kirchen.
Diesem exempel folgen itziger zeit viel
Tyrannen vnter dem Bapsthumb.
Vnd also schmiedet Cain eine lange
Kette zusamen/vieler Sünden/laster
vnd vnthaten/nemlich/der vermessen
heit vnd vertrawen auff eigene wir-
digkeit/Brüderliches hasses/ des bru-
dermorts/ der verzweiffelüg/ der ver-
stockung/der verachtung Gottes/vnd
verfolgung der Kirchen. In Juda ist
der anfang vnd der erste grat der verzweiffelung / das mistrawen/ welche
eine

eine Mutter ist des Geitzes. Denn wo man der Göttlichen verheissung trawet / da hat der Geitz nicht stat / welchen S. Paulus nent eine Abgötterey. Dieser aus dem mißtrawen erwachsene Geitz / macht Judam zum Diebe / in deme er allzeit ein wenig vnd aber ein wenig dem HERRN abzoge / von dem jenigen / was fromme Leut dem HERRN zu hülff gaben / Daher kompts / das er so grisgramet vñ grunktet / als er sihet / das Maria Lazari Schwester / die köstliche tewre Salbe auff des HERRN Jesu Füsse geust / Darumb spricht er: Diese Salbe gestehet vber 3 0 0. pfen. vnd wird dem Armut gegeben? Dieses sagte er aber (spricht der Euangelist Joh. 12.) nicht das er nach den Armen fragte / sondern er war ein Dieb / vnd hatte den beutel / vnd trug was gegeben ward. Durch

B dieses

dieses murre wider diese Gottselige Ma-
tron/ die dem HErrn seine füsse salbet/
kömpt er auff die verreterey/ das er den
Herrn verreth/ vnd aus diesem felt er in
verzweiffelung/ vnd greifft entlich zum
strick/ vñ erhenckt sich. Heuffet also Judas viel sünden/ nemlich/ Mißtrowen/
geitz/ diebstal/ haß vnd neit/ verreterey/
verzweiffelung vnd mord./ vnter diesen
lastern ist das aller gröste die verzweiffelung. Denn was kan erger gesein/ als
die barmhertzigkeit Gottes verleugnen/
welches heist Gotte seine ehre rauben?
Wer an der vergebung der Sünden
zweiffelt (sagt Augustinus) der leugnet das Gott barmhertzig sey/ der thut
vnserm Herrn Gott gros vnrecht/ welcher an seiner barmhertzigkeit verzaget:
So viel an jm ist/ leugnet er/ das Gott
die liebe habe/ warhafftig vnd allmech-
tig sey/ in welchen stücken all mein hoffnung

nung stehet/nemlich/das er mich durch die liebe hat zum kind vnd erben angenomen/vnd das er warhafftig ist in seinen verheissungen/vnd mechtig zu erlösen. Vnd Bernhardus spricht: Die verzweiffelung mehret die Sünde / Die verzweiffelung ist die gröste Sünde vnter allen sünden / vnd ist erger denn alle andre Sünden.

Der verzweiffelung aber werde zwey ding entgegen gesetzt/Nemlich eine gute vnd gerechte aus Gottes wort durch den heiligen Geist gefassete vnd geschepffte Hoffnung / Vnd eine verkerte Sicherheit. Jene ist der Seelen heilsam / diese ist ihr verderb vnd gentzliche vertilgung. Es ist aber die gute vnd gerechte Hoffnung / eine bestendige/festigliche Gewartung des Ewigen Lebens vnd der ewigen Seligkeit vmb CHristi willen/ welcher mit Glau-

B ij   ben

ben ergriffen wird. Hiegegen ist die ver-
kahrte sicherheit/wenn ein Mensch der
Sünden nachhengt / vnd in Sünden
fortferet / dieweil er weiß das GOtt
barmhertzig ist. Welchs nichts anders
ist / als GOtt verachten / vnd Christi
teures werdes Blut mit Füssen treten.
Denn er hat nicht darzu sein Blut am
stam des Creutzes vergossen/das du der
Wollust pflegen/Geitz/Diebstal/Ty-
rannei üben sollest / sondern das du solt
ablassen vom Bösen/vnd der Gerechtigkeit geleben. Vor dieser verkerten sicherheit warnet vns der weise Man
Syrach am 5.Dencke nicht/Jch habe
wol mehr gesündiget/ vnd ist mir doch
nichts böses widerfaren / Denn der
HERR ist wol gedültig/aber er wird
dich nicht vngestrafft lassen/vnd sey nit
so sicher / ob deine sünde noch nicht gestrafft ist / das du darumb für vnd für
                                    sündi-

sündigen woltest / Dencke auch nicht/
Gott ist sehr barmhertzig/er wird mich
nicht straffen / ich sündige gleich so viel
ich wil. Vnd setzt die vrsach hinzu: Er
kan bald also zornig werden / als gnedig er ist/vnd sein zorn vber die Gottlosen hat kein auffhören. Wie nun alhie
der Weise Man in diesen Reden nicht
wil / das wir Menschen an vergebung
der Sünden oder der verzeihung zwei-
feln sollen/also wil er auch nicht haben/
das wir der Barmhertzigkeit GOttes
mißbrauchen sollen zusündigen/Dar-
umb setzt er bald hierauff einen heilsa-
men Rath/Verzeuhe nicht / dich zum
HERRN zubekeren/vnd schibe es
nicht von einem tag auff den andern.
Darumb sol man flihen die verkerte sicherheit / welche ist eine verfürerin vnd
verderberin der Seelen. Niemand
(spricht Augustinus) sey verkerter wei-

se sicher: Denn diese zwey ding tödten die Seele/entweder die verzweiffelung oder die verkerte hoffnung.

Vom andern Stück.

SAnct Augustinus hat von der busse artig vnd wol gesagt / da er spricht: Du thust was du thust/ du sündigest/ so hoch du wilt/ so bistu noch im leben / aus welchem dich Gott gar weg neme / so er dich nicht zu gnaden komen lassen wolte / denn der/ welcher dich durch sein ruffen vberredt/ das du nit abweichst von jme/ der rufft dir mit verschonen/ dz du wider woltest zu im keren. Bißher Augustini Wort. Darumb so mus man gentzlich schliessen/dz so lang der Mensch lebt/er sey so ein grosser Sünder als er wolle / so er zuflucht hat zu der barmhertzigkeitGottes/

tes/

ong iden
zivesichung

tes/in warer busse/ so werde er getwiß-
lich vnd eigentlich zu gnaden angeno-
men. Denn die gnade ist grösser als die
sünde/sie sey so gros vñ grewlich als sie
imer sein könne:Vnd hat Gott kein ge-
fallen am Tod des Sünders/ sondern
wil/dz er sich bekere vñ lebe.Der Son
Gottes spricht Luc. 5. Ich bin komen
zu ruffen den Sündern zur busse/vnd
nit den Gerechten. Item/Matt. 11.28.
Kompt her zu mir alle/ die ir mühselig
vnd beladen seit/ich wil euch erquicken.
Hiemit stimbt der Spruch des HErn
Ezech.18.27. Welchs tages sich der
Gottlose bekeret von seinen Sünden/
wil ich aller seiner vbertretungen ver-
gessen. Vnd Esaie 43.25. Ich/ich tilge
deine vbertretung vmb meinen willen/
vnd gedencke deiner Sünden nicht.

   Vnser HERR JESus Christus
da er vns beten lehret/ zeiget er vns
B üij   trest-

krefftige Artzneien an / wider die verzweiffelung. Denn erstlich da er vns
heist Gott ansprechen als vnsern Vater / wil er / das wir erkennen sollen / sein
Veterlich gemüt gegen vns / als der vnser Vater ist / vnd wir sind seine Kinder. Wie nu kein Son / welcher sich
ernstlich bekeret / an seins Vatern willen zweiffeln kan / also sollen wir auch
an dieses vnsers so fromen Vaters gütigkeit vnd gnade nimmer zweiffeln.
Dieser gnediger Wille vnd geneigtes
Gemüt Gottes des Vaters gegen einem jeden Busfertigen Sünder / wird
vns fein abgemalet in der Parabel von
dem verlornen Sohne Luce 15. Vnd
Dauid spricht im 103. Psalm / Wie
sich ein Vater ober Kinder erbarmet /
also erbarmet sich der HERR ober
die so jn fürchten. Darnach so heist vns
der HERR im Gebet sprechen: Vergib

gib vns vnsere schult / Welchs er zwar
nicht thete / wenn er die Sünde nicht
vergeben wolte. Daher sagt Augustinus : Warumb hette der HERR vns
lehren beten/ vergib vns vnsere schult ?
wenn der nicht in seiner Barmhertzigkeit beharrete/der da nicht wil/das wir
auffhören sollen vmb vergebung der
Sünden zubitten.Dazu so heist er vns
bitten vmb Erlösung von dem vbel /
derhalben so wil er vns erlösen/ wo wir
nur in warer Buß zu jm zuflucht haben.

Dieses sey kürtzlich gesagt von der
Artzney wider alle sünden in gemein/
es sey die vbertretung so gros vnd wie
sie wolle/ an Bosheit/ an Schwach-
heit/ an vnuerstand vnd an vnwissenheit.   Sintemal aber bey einem vnd
dem andern/diese vnd jene vrsachen der
verzweiffelung vorfallen mögen/ wol-
          B v   len

len wir nach dem exempel der erfarnen
Ertzte / die zu aller förderst sich befleis-
sen/die vrsach der kranckheit weg zu nemen / die vrsachen der verzweiffelung
anziehen/vnd dargegen Artzneyen aus
Gottes Wort aussuchen/vnd alhie ein
füren / dadurch der Mensch der in verzweiffelung gerhaten wil/ in hoffnung
der vergebung vnd verzeihung seiner
Sünde/ sich wider auffrichte / vnd die
böse seuch der verzweiffelung vberwin-
de. Mich dünckt aber/das die fürnem-
sten vrsachen der verzweiffelung sechs
sein.

I. Die erste/die hoheit vnd wichtig-
tigkeit der Sünden.

II. Die ander / die Vnwissenheit
Göttlichs willens.

III. Die dritte/der wahn von der par-
ticularitet vnd versehung.

IIII. Die vierde / das man vermeint/
man

man habe die sünde in den heiligen Geist begangen.

V. Die fünffte / die schwere last des
Menschlichen jamers vnd elendes / so vns für vnd für / ohn vnterlas drückt.

VI. Die sechste / die veraltete vnd
langwirige gewonheit zusündi-
gen.

So wir nun diese vrsachen der verzweiffelung heilen vnd wegnemen werden / so wird der verzweiffelende Men-
sche gar leichtlich gesundt vnd zu recht
gebracht werden.

Von der ersten vrsach der verzweiffelung.

DJe erste vrsach der verzweiffelung
ist / wie oben gemelt / die hoheit vñ wichtigkeit der Sünden die einer begangen /

gen / vnd durch welche er zuuerstehen
hat gegeben / das er nicht ein Diener
vnd Knecht Gottes/sondern ein knecht
der Sünden vnd des Teufels Gefang-
ner sey. Wer Sünde thut (sagt der
HERR Johan. 8.) der ist der Sünden Knecht. Ein Knecht aber der sün-
den/ist des Teuffels Leibeigner/vnd die-
net jhm/als der an der schnödigkeit der
sünden seine lust vnd freude hat/Gotte
zur schmach vnd zu verdris. Daraus
erscheint/welch ein abscheulich vnd be-
schwerlich vnrath es vmb die Sünde
sey/ also das alle Creaturen auch nicht
die allergeringste Sünde/durch jr verdienst büssen noch zalen können. Was
sol nun der Mensch thun / der mit sol-
chem grossem vbel behafft ist? Er mus
in die Apoteka / das ist in das Heilige
aller Heiligen / in das Heiligthumb
Gottes eingehen / vnd darinne suchen

Artz-

...em Der
...rn...
...sels...
...ist de...
aber...
...pie/...
nödigkeit
e hat/...
Daraus
ich vnd...
die Sünd
auch nicht
...ch ir ver
...en. Was
er mit sol
...? Er mus
as Heilige
eiligthumb
...ne suchen
Artz

Artzneyen wider die verzweiffelung/t se aus der grösse vnd abscheivligkeit der Sünden entstehet. Es ist aber die Apoteka oder das Heiligthumb Gottes/ die liebe kirche Gottes/darinne Gottes Wort schallet/ welchs Wort vns sechs ding zeiget so gegeneinander zu halten sein/deren ein itzlichs dienet/das vbel der verzweiffelung die aus der grösse vnd wichtigkeit der sünden entstehet/ leicht-lich hin zunehmen vnd zuuertreiben.

Die sechs ding/so gegeneinander sein zuhalten / sein diese.

I. Die Sünde vnd die gnade Gottes.
II. Das Menschliche elend / vnd die Göttliche Barmhertzigkeit.
III. Die Schult/ vnd die Zalung.
IIII. Adam/vnd Christus.
V. Die Feindschafft vnd die Aussö-nung.   VI. Die

VI. Die Kranckheit/vnd die Artzney/ oder der Krancke vnd der Artzt.

Da mus man nu betrachten/welch theil mechtiger vnd krefftiger sey/ vnd welch theil ohnmechtiger vnd schwe-cher sey.

I. Erstlich sol man gegeneinander halten/die Sünd vnd denn die Gnade Gottes. Las zwar deine Sünde gros vnd wichtig sein/ gegen anderer Men-schen Sünden / die dich düncken jhrer wichtigkeit vnd masse nach geringer/ kleiner vnd weniger sein / als deine / Demnach las weit von dir sein/das du dencken woltest / das deine Sünde die Gnade Gottes vberwegen solle / wel-che an maß vnd wichtigkeit die Sün-den der gantzen Welt / ohne maß ja vnendlich vbertrifft vnnd vberwigt. Derhalben so ist deine Sünde mit
nichte

nichte nicht gröſſer oder mechtiger zu=
uerdammen /als GOttes Gnade vnd
Güte mechtig iſt zuſehligen. Begehr
bey leibe dieſe Sünde nicht / das du
gedencken wolteſt / das die Sünde der
gantzen Welt / ſchweige deñ deine ſün=
de alleine / gröſſer ſey / denn GOttes
Gnade / Gleube dem heiligen Geiſte/
der durch S. Paulum redet Rom 5.
da vnter andern dieſer Güldene ſpruch
wol zubehertzigen : Wo die Sünde
mechtig worden iſt/da iſt doch die gna=
de viel mechtiger worden. Das iſt : Die
Gnade iſt viel/vnd vber alle was gröſ=
ſer vnd mechtiger als die Sünde. Es
redt aber S. Paulus nicht von eines
einigen Menſchen ſünde / ſondern von
der ſünde der gantzen Welt/So nu die
Gnade vbertrifft die ſünde der gantzen
Welt / Wie ſolt denn die Gnade nicht
auch deine Sünde vbertreffen / ſie ſey
ſo

so gros vnd schrecklich als sie wolle?
Die Gnade heist an diesem ort Gottes
hulde vnd gütigkeit / dadurch alle sünden des Menschen / verschlungen vnd
auffgereumbt werden / wenn er sich
durch den Glauben an Christum zu
Gott bekeret / Denn Gott der Vater
liebt alle die / so da vmbkeren in dem
Geliebten. Derhalben so vermag die
Sünde nimmer so gros zu sein / das
nicht die Gnade / dadurch vns GOtt
vmb des Sons willen die Sünde ver-
gibt / vnd vns seins Sons Gerechtigkeit zusaget vnd zurechnet noch viel
mechtiger sey / vñ kan sie durch die sünde keines wegs oberhöcht werden.

Diese gegeneinanderhaltung der
Sünde vnd der Gnade / sol der verzweiffelung als ein starcker Schilt vnd
Schutzwehr entgegen gestelt vnd gesetzt werden. Darumb so gleich die
menge/

menge / grösse vnd wichtigkeit deiner
Sünden / dich zur verzweiffelung an-
leiten wolt/so lügenstraff doch nicht den
heiligen Geist / der durch Paulum redet / sondern schleus bey dir festiglich/
das er sey ein Lehrer der Warheit/wie
in vnser HERR vnd Meister nennet/
vnd gleube gewisser als gewiß/ das die
Gnade vnzehlich vnd vnentlich mehr
grösser vnd mechtiger sey / als deine
Sünden. So wirst du (do du zu dieser
Gnad zuflucht haben wirst / in warer
Rew vnd Buß) gewißlich genesen /
vnd selig werden/ vnd bleiben in alle
ewigkeit.

II.   Zum andern sol man gegenei-
ander halten / des Menschen Elend
vnd Gottes Barmhertzigkeit.   Das
Menschliche Elend ist eine gerechte bil-
liche straff der Sünden/ Wenn nu die
Sünde aus Gnaden vergeben vnd

C   weg,

weggenomen ist/so hört auch die straf-
fe auff/als nemlich/das Menschliche
Elend.   Wiewol nu das Menschliche
Elend gros vnd schwer ist/dennoch ist es
keins weges grösser als Gottes barm-
hertzigkeit/denn sintemal sie alle werck
Gottes vbertrifft/kan es nicht sein/das
das Menschliche Elend sie vbertreffen
solle. Denn also stehet geschrieben im
145. Psalm/Der HERR ist allen
gütig / vnd erbarmet sich vber alle
seine Wercke.   Dieser seiner grossen
Güte eusserlich bewegliche vrsach ist/
das Menschliche Elend / Jnnerlich
aber / seine Güte vnd Liebe / gegen
das gantze Menschliche Geschlecht /
als seine Edleste / vnd zu seinem Bild-
nus vnd Gleichnus erschaffene Crea-
tur.

Von dieser Liebe Gottes gegen das
Menschliche Geschlecht / zeuget vnser
HERR

HERR Christus/ Johan am 3. da er spricht: Also hat GOtt die Welt geliebet/ das er seinen einigen Son gab/ auff das alle die an jhn gleuben/ nicht verloren werden/ sondern das ewige Leben haben. Darumb so verschlingt die Barmhertzigkeit GOttes/ die aus brünstiger hertzlicher Liebe/ vmb Christi Leidens vnd Sterbens willen herfleust/ das Menschliche Elend/ deren Ende vnd letzter Grat ist die ewige verdamnus/ vnd das in allen/ die in warer Busse sich zu GOTT bekeren/ denn die andern alle/ das ist/ die Vngleubigen/ bleiben ewig vnter dem Zorn GOTTES/ nicht allein wegen der Sünde wider GOttes Gesetz begangen/ sondern auch vnd viel mehr/ wegen der verachtung der Artzney/ wider die Sünde/ welche Artzney vnd Hülffe/ das Euangelium

C ij   allen

allen Menschen in gemein anbeutet.
Von der Barmhertzigkeit Gottes/ die
viel mechtiger ist/als alle vnser Elend/
sol man mercken diese Sprüche Da-
uids/ Psal. 32. 5. Die Erde ist vol der
güte des HERrn. Item 130. 7. Bey
dem HErrn ist die Gnade/vnd viel erlösung. Item/ 144. 9. Der HErr ist
allen gütig vnd erbarmet sich aller seiner Werck. Item/ 8. Der HERR ist
gütig vnd barmhertzig / langsam zum
zorn/vnd von grosser güte. Item/103.
13. Wie sich ein Vater vber Kinder er-
barmt/ vber Kinder/also erbarmt sich
der HErr vber alle die ihn fürchten. I-
tem/ Psalm. 103. 7. Die Gnade des
HERrn weret von ewigkeit zu ewig-
keit/vber die so in fürchten. Item/Psa.
103. 11. So hoch der Himel vber der
Erden ist / lest er seine Gnade walten/
vber die so in fürchten. Alhieher wil ich
                        beysetzen/

beyſetzen / das liebliche holdſelige tröſt-
liche Sprüchlein / Eſaie 49. 15. Kan
auch ein Weib jres Kindes vergeſſen?
das ſie ſich nicht erbarme / vber den
Son jres Leibes? vnd ob ſie deſſelbigen
vergeſſe / ſo wil ich dein doch nicht vergeſſen / Sihe in die Hende hab ich dich
gezeichnet/ ꝛc. S. Auguſtini Spruch
iſt voller troſts / da er alſo ſpricht von
dem Brudermörder Cain / die Wort
lauten wie folgt: Cain ſagt : Meine
Sünde iſt gröſſer/als das ſie mir könne vergeben werden: Du leugſt Cain
(ſagt Auguſtinus)denn Gottes barmhertzigkeit iſt gröſſer denn aller Sünder Elend iſt. Fulgentius ſpricht hertz-
lich : Vnſer Gott iſt alſo ſehr barmhertzig vnd gütig / als vnendtlich vnd vn-
überwintlich er iſt. Darumb ſo wird die
Güte des vnüberwintlichen auch nicht
vberwunden/vñ des vnendlichen barm

C üj   hertzig-

hertzigkeit / endet sich auch nimmermehr. Item / GOtt ist Gerecht vnd Barmhertzig / wie er nu durch seine Gerechtigkeit verdammen kan/diesen/ der sich von im abgewand hat/also kan er durch seine Barmhertzigkeit selig machen/diesen / der sich zu jhm bekert. Basilius Magnus setzt die Wichtigkeit der Sünden entgegen / die grösse vnd excellens der Barmhertzigkeit Gottes / vnd der vielheit vnd manchfaltigkeit der Sünden/die menge der barmhertzigkeit GOttes. So du nu jene messen vnd diese zelen kanst/so magstu verzweiffeln. Zu dieser grösse der barmhertzigkeit/vnd vnzal seiner erbarmungen/sol der Mensch/ wenn er die wichtigkeit vñ menge seines Elends betrachtet/zuflucht haben / vnd sol von grund seins Hertzens sprechen: Erbarm dich mein o HErre Gott/nach deiner grossen

...Barmhertzigkeit / vnd tilge meine Sünde nach der menge deiner erbarmung. HErr / so du das wilt sehen an / wie Sünd vnd vnrecht ist gethan / wer wil HErr für dir bleiben. Ob bey vns ist der Sünden viel / Bey Gott ist viel mehr Gnade / 2c. Alhie her gehört der Spruch S. Augustini: Der zu Gott hinzu treten wil / der fürchte sich nicht wegen seiner Sünden / sondern trete alleine hinzu mit vnerschrockenem freidigem Hertzen / vnd höre auff zu thun / was er zuuor thet / vnd spreche nicht: Diese oder jene Sünde wird mir nicht vergeben werden.

III. Zum dritten sol man gegeneinander halten / die Schult vñ die Zalung / oder die sünd vnd die gnugthuung darfür. Vnsere sünden heist man schulden / von wegen der gleichnus. Denn allermassen / wie die Schulden einen jeden

Welt

Weltlich verbinden zur zahlung / oder zur straff / also verbinden vns die Sünden Geistlich zur gnugthuung dafür / oder zur ewigen straff vnd verdamnis. Denn vnser Sünden machen vns also schuldig für Gottes Gerichtsstuel / das keine gnade alda zuuerhoffen / ausser gebürlicher gnugthuung für dieselben. Diese gnugthuung aber ist der Todt vnsers HErrn Jesu Christi / Wie folgende Sprüche zeugen : Rom. 4. 25. Er ist / nemlich der HErr Jesus Christus / gestorben / vmb vnserer Sünde willen / vnd ist aufferstanden vmb vnser Gerechtigkeit willen. Johan. 1. 29. Sihe / das ist das Lamb Gottes / das der Welt Sünde tregt. 1. Tim. 2. 5. Es ist ein Mitler zwischen GOtt vnd den Menschen / nemlich der Mensch Jesus Christus / der sich selbs gegeben hat für alle zur erlösung. Rom. 3. 27.

Sie

chtung, an
ens die Sie
humpter
it verdam
ichen wol
ichter las
offen zu
für diese
ist der zal
ju. Buch
Rom. 4. 8
Jesus Chri
er Sün
y tembren
an. 1. 29.
ttes / das
Tim. 2. 5
GOtt vnd
r Mensch
is geben
em. 3. 27.
Eu

Sie sind allzumal Sünder/vnd mangeln des Rhums den sie an GOtt haben solten / vnd werden ohn verdienst gerecht durch die Erlösung / so durch Christum JEsum geschehen ist / welchen GOtt hat fürgestellet zu einem Gnadenstuel/durch den glauben in seinem Blut. 1. Johan. 1. 9. Das Blut des Sons Gottes/reiniget vns von allen vnsern Sünden. 1. Johan. 2. 2. Er ist die versönung für vnsere Sünde/ nicht allein aber für die vnsere/ sondern auch für der gantzen Welt.

Also haben wir nu bericht/was vnsere schulden sein/vnd was die zahlung vnd gnugthuung dafür sey. Nu wollen wir sie gegeneinander halten / auff das wir mögen gewiß sein/ ob die sünde mechtiger sey zuuerdamen/als Christi zahlung vnd gnugthuung vns zuseligen/wie mechtig die Sünd sey/zeugt

C v   die

die erfahrung aller Welt. Denn das
Gesetz auff die Sünder verordnet/ver-
schonet keines Menschen/weder König
noch Weisen/weder Reiches noch Ar-
mes/keines Geschlechts/keines Alters/
keiner Nation vnd Volcks/denn es vn-
terwirfft sie alle mancherley elende vnd
jamer / vnd strafft sie nicht allein mit
dem zeitlichen tode/sondern stürtzt vnd
wirfft auch alle die jenigen/die jm nicht
durch gnugthuung entgehe/in die ewige Pein vnd Hellen verdamnis. Diese
gelegenheit hats mit vnserer schult/ also strafft das Gesetz der sünden alle die/
die solche schult nicht zahlen.Dannoch
wie streng solch Gesetz ist / wie schrecklich gros vnd hefftig es ist/ so ist es doch
entschafftig vnd vberwintlich/vñ kan ab-
geschaffet vnd zu nichte gemacht wer-
den/denn die zahlung die jme der Son
Gottes gethan / ist an seiner güte viel
mech-

mech
anjen
gen,
sie ist
Sch
sele v
Tod
gen
zum
thun
weg
entw
ewig
wenn
ist al
nicht
über
entp
das
sey
S.

mechtiger vnd stercker/ als die Schult
an jrer bosheit/ sie ist viel stercker zu se=
ligen/als die Schult ist zuuerderben/
sie ist viel krefftiger zu heilen / als die
Schult ist zuuerdammen. Ich zweif=
sele nicht (sagt Bernhardus) das der
Tod Christi viel mechtiger vnd kreffti=
ger ist zum guten / als vnsere Sünde
zum bösen / Wie so? Denn die gnug=
thuung darfür/ist vnendlich/vnd vner=
meßlich / die schult aber ist endlich vnd
ermeßlich. Ja sprichstu/Wie kan eins
einigen Menschen Tod vor der gantzen
weiten Welt Sünde gnugsam sein?
Ist aber dieser Tod nicht entlich? ist er
nicht zeitlich? ist er nit schon langs für=
über? Ich bekenne es zwar/das es eins
einigen Menschen Tod sey/ich bekenne
das er enthafftig sey/ das er vergangen
sey/ denn er stirbet nu nicht mehr / wie
S. Paulus zeuget / Dannoch wie
dem

deme allen / ist dieser endthaffte Todt/
eine vnendtliche gnugthuung ist eines
vnendtlichen weerts vnd gûlts / deñ es
ist nicht ein Todt eines lautern Menschen / wie Johannis vnd Petri Todt
gewesen / sondern es ist ein Todt eines
Menschen der Gott ist / Dem Gott
vnd Mensch in dem einigen Christo.ist
gestorben / aber in der Natur / die da
sterben kan.   Daher kompts / das der
Todt Christi vnentlichen weerts ist /
vnd zulanget zur gnugthuung für aller Welt Sünde. Denn es eignete sich
der Göttlichen gerechtigkeit/ das gleich
wie ein Mensch gesündiget hat / vnd
hat alle seine Nachkommen die Sünde end Schult auffgeerbet: Das auch
hinwiderumb ein Mensch für die sünde der gantzen Welt bezahlete nach der
Schrifft.Aber weil die geringste Sünde mechtiger were/als das sie alle Crea-
ren

ren in der gantzen Welt / vberwinden
möchten / oder dafür gnug thun kön-
ten. Derhalben muste der jenige / der
dafür gnug thun solte / warer Gott
vnd warer Mensch sein / auff das er
könte weil er Gott ist/vnd solte/ weil er
Mensch ist / der an stat der gantzen
Welt / vnd des gantzen Menschlichen
Geschlechts ist / vnd aller Menschen
Personen vertrit. Wiewol nun dieser
Mensch Jesus Christus nur ein mal
gestorben ist/dannoch so gilt dieser tod
allzeit vnd ewig selig zumachen / diese/
die zu Gott in warer Busse zuflucht
haben.Heb. 10.14.Mit einem Opffer
hat er in ewigkeit vollendet/ die geheiliget werden.Item/ver.10. In welchem
willen wir sind geheiliget / einmal geschehen / durch das Opffer des Leibes
Jesu Christi. Ver. 12. Dieser aber/da
er hat ein Opffer für die Sünde geopffert

opffert / das ewiglich gilt / sitzt er zur
Rechten Gottes. Item / Heb. 9 28.
Christus ist einmal geopffert / weg zu-
nemen vieler Sünde. Darauff be-
schleust entlich der Apostel diese verma-
nung vnd Trostpredigt / ver. 19. cap.
10. So wir denn nu haben die freidig-
keit zum eingang in das Heilige / durch
das Blut Jesu / 2c. so lasset vns hinzu
gehen mit warhafftigem Hertzen / in
völligem Glauben / besprengt in vnsern
Hertzen / vnd loß von den bösen Gewissen / vnd gewaschen am Leibe mit
reinem Wasser / vnd lasset vns halten
an der Bekentnis der Hoffnung / vnd
nicht wancken / Denn er ist trew der sie
verheissen hat.

    So denn nu die zahlung der schult /
oder die gnugthuung für die Sünde /
viel grösser vnd wichtiger ist selig zumachen / als die Schult vnd Verbre-
chung

chung iſt zuuerderben/ſol niemand verzweiffeln / ob der gröſſe vnd viele ſeiner
Sünden/ſondern ſol in warer buß zuflucht haben/zu dem Thron der Gnaden / durch den Glauben an JEſum
Chriſtum. S. Bernhardi Spruch de
annunciatione Virginis, pag. 151. iſt
wol zu mercken: Von wegen vergebung meiner Sünde (ſpricht er) hab
ich eine gewiſſe nachrichtung/ nemlich
an dem Leiden des HERRN / Sintemal die Stimme ſeines Bluts viel
ſtereker iſt als Abels Stimm / vnd
ſchreiet in alle Hertzen der Außer-
wehlten/ von vergebung jhrer Sün-
den/Denn er iſt hingegeben vmb vnſe-
rer Sünde willen/vnd ich zweiffel gar
nicht/ ſein Tod ſey mechtiger vnd krefftiger zum guten / als alle vnſere Sünden zum böſen. Bißher Bernhardi
Spruch.

IIII. Die

IIII. Die vierde vergleichung ist A-
dams vnd Christi. Diese vergleichung
füret S. Paulus ein/ 1. Corint. 15. da
er also spricht: Sintemal durch einen
Menschen der Todt / vnd durch einen
Menschen die Aufferstehung der Tod-
ten kömmet/Denn gleich wie sie in A-
dam alle sterben / also werden sie in
Christo alle lebendig gemacht werden.
Alhie helt Paulus gegeneinander A-
dam vnd Christum/ als widerwertige
Sachen / die widereinander streitende
vnd vngleiche effect, vnd wirckungen
haben. Denn gleich wie durch den
sündhafften Adam der Todt vber alle
Menschen ist komen/Also kömpt durch
den gerechten Christum das leben vber
alle / die an jhn gleuben Rom. 5. 19.
Gleich wie durch eines Menschen (A-
dams)vngehorsam/viel Sünder worden sind / Also auch durch eines (nemlich

lich Christi) gehorsam / werden viel
Gerechten. Rom. 5. 15. Denn so an
eines Sünde viel gestorben sind / so ist
viel mehr Gottes gnade vnd gabe / vie-
len reichlich widerfahren / durch die
gnade des einigen Menschens / JEsu
Christi.

Nun zweiffelt je kein Christen Men-
sche / das nicht Christus GOtt vnd
Mensch / mechtiger sey lebendig zu machen / als Adam zu tödten. Darumb
ein jeder Mensch / der an vergebung seiner sünden zweiffelt / er sey so ein grosser Sünder als er jmmer wolle / der
thut Christo eine vnehre auff / setzt jhn
ab / vnd stelt jn vnter Adam herunter /
sam wenn CHristus nicht mechtiger
were selig zumachen / als Adam zuuerderben.

V. Die fünffte vergleichung / ist die
gegeneinander haltung der feindschafft

D   vnd

vnd der ausſönung / dauon S. Paulus alſo ſchreibt / Rom. 5.10. Denn ſo
wir Gotte verſönet ſind / durch den tod
ſeines Sons / da wir noch Feinde waren / viel mehr werden wir ſelig werden /
durch ſein leben / ꝛc. Alhie ſtelt S. Paulus eine duppelte vergleichung an / erſt-
lich der feindſchafft mit der verſönung /
vnd zum andern / der krafft vnd wir-
ckung des Todes vnd des Lebens Chriſti. Der Tod Chriſti iſt die vrſach der
verſönung / Sein Leben iſt die vrſach
vnſers Heils. Dieſen Spruch Pauli
heiſt Auguſtinus / die Waffen / damit
der Feind vberwunden wird / vnd heiſt
in einen vnvberwintlichen Schilt / dadurch der Feind vertrieben wird / der
vns eingibt / das wir an vnſerm heil
zweiffeln vnd zagen ſollen / von wegen
der menge der widerwertigkeiten vnd
anfechtungen.

VI. Die

VI. Die sechste vergleichung ist / die gegeneinander haltung der Kranckheit vnd der Artzney / Item / des Krancken vnd des Arztes. Der HERR nennet sich einen Artzt / vnd rüfft alle Kran-cken zu sich / vnd beut jhnen seine hülff an. Matth. 11. 28. Kompt her zu mir / alle die jhr mühselig vnd beladen seit / ich wil euch erquicken. Das verstund Dauid wol / da er singt im 103. Psal-men: Nu lob mein Seel den HER-REN / vnd was in mir ist / seinen heili-gen Namen / Lobe den HERrn meine Seele / der dir alle deine Sünde ver-gibt / vnd heilet alle deine gebrechen / der dein Leben vom verderben erlöset / der dich krönet mit Gnaden vnd Barm-hertzigkeit.

So nu Christus vnser Artzt die weis-heit Gottes ist / kan er alle kranckheiten

curiren vnd heilen. Darauff schleuſt
Fulgentius, So der Artzt wol erfaren
iſt / ſo kan er alle Kranckheiten heilen/
So nun vnſer Gott barmhertzig iſt/
ſo kan er auch alle Sünden vergeben.
Das iſt nicht eine volkomene vermög⸗
ligkeit / die nicht alles böſe vberwinden
kan / es iſt auch keine volkomene Artz⸗
ney / die nicht alle Kranckheiten heilen
vnd wegnemen kan / Denn es ſtehet in
der heiligen Schrifft geſchrieben : Die
bosheit vermag die weisheit nicht zu v⸗
berwinden. Was meinen wir denn/das
vns nicht könne vergeben werden/ weil
der Herr vnſern miſzthaten gnedig iſt/
vnd ſie gern vergibet ? Aber was ver⸗
meinen wir/das in vns vnheilbar ſey/ſo
doch GOtt heilet alle vnſere kranckhei⸗
ten vnd ſchmertzen ? Darumb ſol nie⸗
mand an dem Artzte zweiffeln/vnd der⸗
halben in ſeiner kranckheit ſtecken blei⸗
ben/

ben / Niemand sol die barmhertzigkeit
Gottes vernichten / das er in seinen sünden verschmachten wolte. Der Apostel schreiet vnd rüfft / Rom. 5. ver. 6.
Christus ist für die Gottlosen gestorben. Der Artzt selbs der HErr Christus spricht: Matth. 9. 13. Jch bin in
die Welt komen / die Sünder selig zu
machen. Matth. 18. 11. Jch bin kommen selig zu machen / das / so da verloren war.

Derhalben es sey die Sünd wie sie
wolle vnd so gros sie wolle / so kan sie
doch nicht vngeheilet bleiben / so nur
der HERR Christus sein heilwertigs
pflaster darauff leget. Diesen Artzt
mus der Krancke suchen vnd bitten /
nach dem Spruche Esaie 55. Suchet
den HErrn / weil er zu finden ist / rufft
jn an / weil er nahe ist / der Gottlose lasse von seinem Wege / vnd der Vbelthe-

D iij   ter

ter seine gedancken vnd bekere sich zum
HERRN/ so wird er sich seiner er=
barmen/vnd zu vnserm Gott/denn bey
jhm ist viel vergebung. Darumb so
lasse der Gottlose seinen Weg fahren/
darauff er sündigt/der Gottlose verlas=
se seine Gedancken / damit er an verge=
bung der Sünden zweiffelt/ vnd beke=
re sich / nach des Propheten Spruch
zu dem HERRN/denn er ist/geneigt
zuuergeben. In jme ist alles/ vnd man=
gelt nichts/sintemal in jme ist allmech=
tige Barmhertzigkeit/ vnd barmhertzi=
ge Allmechtigkeit. Derhalben so fol=
ge der Sünder dem Exempel Da=
uids/da er Psalm. 6. 3. also betet: Er=
barm dich mein O HERR / denn ich
bin kranck vnd schwach / heile mich
HERR/ denn alle meine Beine seind
zerschmettert. Als wolt er sagen: Ich
bin der Krancke/du bist der Artzt/heile
mich/

mich / der ich auff deinen befehlich zu
dir komme. Vnd anderswo sagt er/
Psal. 51. 1. Erbarm dich mein o HErre Gott/nach deiner grossen barmhertzigkeit/wasch ab mach rein mein Missethat / ich bekenn mein Sünd vnd ist
mir leidt: Das ist/HErr/ich bitte vmb
deine grosse Barmhertzigkeit/ denn ich
füle vnd empfinde mein gros elend/ich
begere deiner grossen Hülff vnd Artzney / wider meinen grossen Schaden
vnd Kranckheit/ich bitte vmb die menge deiner erbarmung/ wider die menge
meiner vbertretungen / Du allein heilest die / so verwundtes Hertzens sind/
vnd verbindest ire scheden/ sintemal du
gegen alle Menschen gütig bist / vnd
deine Barmhertzigkeit langet vber alle
deine Werck/Psal. 145.9. Hieher mus
ich anzihen S. Aug. gedenckwirdigen
Spruch / aus dem 102. Psalm. Die-

D iiij   sein

sein allmechtigen Artzt kompt keine
Kranckheit zuhanden / die vnheilbar
sey / Ergib dich nur diesem Doctor
gantz vnd gar / vnd las jn mit dir handeln wie er wil / er weis wol / wie ers
machen sol / Las dirs nicht allein wol-
thun / wenn er dich behet / sondern leide
es auch / wenn er schneidet vnd anha-
wet.

Diese sechs vergleichungen / sollen
wir in vnser gemüt tieff einbilden / vnd
daran gedencken / so offt wir bitten /
Vergib vns vnsere Schult : vnd sollen
von grund vnsers Hertzens schliessen /
das Gottes Barmhertzigkeit mechtiger vnd krefftiger sey / als vnser Elend /
vnd sollen gewißlich gleuben / das die
Gnade Gottes vber alle mas wichtiger sey vnd weit vbertreffe die Sünde
der gantzen Welt : Wir sollen es gewis
darfür halten / das die zahlung für vnsere

ist kompt kau
l: die erstliche
dieben Dar
s/m madrss
s swel su
icht al
s/ seiner.
Det vnd es

ungen iele
inbilden es
swir binee
: vnd soll
schliessen
it mechti
r Elend/
a / das die
ias wichti
ie Sünde
n es getres
ng für vn
sert

sere schult / viel grösser vnd höher sey /
als die Schult / vnd die gnugthuung
viel mehr als die Sünde vnd vbertretung: Wir sollen gentzlich gleuben / das
Christus der ander Adam / mechtiger
sey lebendig / gerecht vnd selig zu machen / als der erste Adam zu tödten / zuuerdammen vnd zuuerderben: Entlich
sollen wir festiglich gleuben vnd schliessen / das vnsere versönung mit Gott /
die Feintschafft / die zwischen jhm vnd
vns gewesen / weit vbertreffe / vnd das
die artzney mechtiger vnd krefftiger sey /
als des Menschen kranckheit. Vnd daher sollen wir nun lernen schmecken /
wie süß vnd lieblich der HERR sey /
vnd wie selig die sein die auff in trawen.

Von der andern vrsach der
Verzweiffelung.

Die ander vrsach der verzweiffelung ist / wie hieuor gemelt / Die

D ij   Vnwis-

vnwiſſenheit Göttlichs willens / welcher vns allein in der Schrifft geoffen-
baret iſt / Darumb ſollen wir hierüber
die zeugnis der ſchrifft zu rath nemen/
welche der verzweiffelung / ſo fern wir
jhnen gleuben/ gar leichtlich wehren
können. Derhalben ſo laſt vns beſe-
hen etliche fürnehme Zeugnis der
Schrifft / von GOttes willen gegen
vns Menſchen. I. Tim 2. 4. ſteht klar:
GOtt wil alle Menſchen ſollen ſelig
werden/vnd zum erkentnis der warheit
komen/ Denn es iſt ein Gott / vnd ein
Mitler zwiſchen Gott vnd den Men-
ſchen/nemlich der Menſch Jeſus Chri-
ſtus/ der ſich ſelbs gegebē hat zur bezalung vnd erlöſung vor alle. Hie macht
Paulus drey ſtuffen/ in die öberſte ſetzt
er Gott/ mitten ein ſetzt er Chriſtū den
Erlöſer/mit ſeiner bezalung vnd gnug-
thuung/zu vnterſt ſetzt er nicht nur ein

Par-

s willen' der
Schrifft zeigt
len von denen
zu reden
tnij /etc.
ichtlich
o läßt es
Jtem
e willen uñ
2. 4. stehet
en sollen e
s der war:
iert / und
d den Mit:
jesus Chri
t zur beza
Hiemach
oberste se
Christu de
g und gnug
nicht nur w
Par

Partikel des Menschlichen Geschlech-
tes/sondern das gantze menschlich Geschlecht. Derhalben ein jder der sich nu
für einen Menschen erkent / der wisse/
das er unter dieser zahl sey /für die der
Mitler fürbit thut/uñ das Lösgelt gibt/
Wie aber dis Lösegelt einem jedern in
sonderheit solle zugeeignet werden/das
lehret der Apostel/ da er spricht : Gott
wil/das alle Menschen kommen sollen
zum erkentnis der warheit. Es ist aber
das erkentnis der Warheit / die wis-
senschafft und das Vertrawen auff die
barmhertzigkeit Gottes/ umb des Lö-
segelts willen/das Christus der Mitler
zwischen Gott und Menschen/für alle
Menschen ein mal am Stamm des
Creutzes bezahlet hat. Ein jeder der nu
kömpt zu dem Erkentnis der War-
heit/ und mit starckem vertrawen sich
senckt und niderlest in dem einigen Mitler

ler Jesum Christum / der wird los ge-
zelt von alle seinen Sünden / wird geziert vnd geschmückt / mit der Gerechtigkeit Christi / vnd bekümbt das pfand
der Erbschafft / nemlich den heiligen
Geist. Darumb sol niemand verzagen oder verzweiffeln an vergebung der
Sünden / weil es am tage vnd gewiß
ist / das Gott wil / das alle Menschen
sollen selig werden / durch diesen Jesum
Christum vnsern H E R R N / sintemal wir Glidmas werden seines Leibes durch den Glauben. Mit diesem
Spruch S.Pauli / stimmen viel sprüche der Schrifft vberein / von denen ich
etliche zu sterckung vnsers Glaubens
alhie einfüren wil. Ezech. 33.11. spricht
Gott der HErr / Jch wil nicht den tod
des Sünders / sondern das er sich bekere vnd lebe. Johan. 6. 4. Das ist der
wille des Vaters der mich gesand hat /
das

das wer den Son sihet vnd gleubet an jn/habe das ewige Leben. 2. Petri 3. 9. Gott ist langmütig gegen alle/vnd wil nicht / das jemant verloren werde/sondern das sich jederman zur Busse bekere. Diesen willen Gottes / das Gott warhafftig wil/das alle Menschen sollen selig werden/bestetigt auch der Befehl Gottes/Matth. 17. da er befihlet/ das alle Menschen den Sohn hören/ vnd jm gehorchen sollen. Item/der befehl Christi / Marci. 16. 15. da er seine Jünger in die gantze Welt außsendet/ mit diesem befehlich / Gehet hin in die gantze Welt / prediget das Euangelium aller Creature / Wer da gleubet vnd getaufft wird/der sol selig werden/ Wer aber nicht gleubet / der sol verdampt werden. Die zeugnis der heiligen Schrifft / vnd deren gleichen von dem willen Gottes/der da wil/das alle

die

die da gleuben/ſelig werden ſollen/ ſollen wir vns durch keine Sophiſterey
abfuren laſſen/ Denn ſo dieſes war iſt/
wie es dann war vnd klar iſt: Gott wil
das alle Menſchen ſeig werden ſollen/
So mus die gegenmeinung (als Gott
wil nicht/ das alle Menſchen ſelig werden ſollen) falſch vnd vnrecht ſein/ denn
in Gott ſeind nicht widerwertige oder
ſtreitende meinungen.   So dann nun
die verheiſſung der Gnaden / die der
Son offenbaret hat/ allgemein iſt/ wie
jtzt erwieſen/ ſo ſol je niemant dencken/
es habe Gott der Vater jrgendt einen
andern heimlichen vnd verborgenen
willen in jhm/ der da dem Willen/ welcher vns durch die Predigt des Sohns
Gottes offenbaret iſt/ zu wider vnd entgegen ſey/ Denn Chriſtus iſt ein war-
hafftiger Bot vnd Zeuge Göttliches
willens

willens. Daher sollen wir nun trost
schepffen wider die verzweiffelung/vnd
diesen Trost sollen wir fest halten / als
einen heilwertigen Ancker mitten vnter den Wasserwellen der Anfechtungen / so wir das thun werden / so werden wir wol vnuerruckt bleiben / vnd
bestehen / vnd werden keinem wider-
wertigen Winde aus dem Wege treten dürffen. O selig ober selig sein wir/
so wir diese Lehre von GOttes willen / tieff in vnser Gemüt / Hertz vnd
Sinnen fassen/vnd mit warem Glauben auff GOTT trawen vnd bawen
werden.

Von der dritten vrsach der
Verzweiffelung.

Je dritte vrsach der Verzweiffelung ist bey vielē der gedancke vō
der

der geringen zahl der Auserwehleten.
Denn wenn sie hören / das Matth.
20. 16. vnd 22. 14. geschrieben stehet:
Jr viel sind beruffen/aber jr wenig sein
auserwehlet/fahen sie von stund an zu
zagen vnd zu zweiffeln / ob sie auch in
dieser geringen anzahl der Auserwel-
ten sein mügen: An diesen Fels haben
sich ir viel gestossen / also sehr vnd hefftig auch/das sie an vergebung der sünden gantz vnd gar verzweiffelt haben/
vnd vermeinet/ Gott habe für erschaffung der Welt ein Register der Auser-
welten gestelt. Aber diese jrren sehr.
Der Spruch des HERRN: Viel
sein beruffen/aber wenig sein auserwe-
let / ist mit nichte der allgemeinen Begnadung vnd dem Spruche Pauli/
1. Tim. 2. 4. Gott wil/ das alle Menschen selig werden/ vnd andern derglei-
chen Sprüchen vnd Zeugnissen der
Schrifft/

Auswehlun
in das Wei
eichnickeit
der jm wei
von sie/
/ ob sie
der Aus
sen Feld ir
z sehr m̄
bung der
ciffelt bis
sür erst
der Aus
jrren sehr.
N. N. Viel
auserwn
einen Brie
che Paull
alle Men
vern dergl.
gnissen der
Schrifft

Schrifft/ von der allgemeinen anneh=
mung der Menschen/zuwider noch zu=
entgegen/Sondern die meinung Chri=
sti mus aus den umbstenden derglei=
chen sprüche genomen werden. Matt.
20. ver. 6. wird das Himelreich / das
ist die Christliche Kirche/verglichen ei=
nem Hausvater/welcher Erbeiter mie=
tet in seinen Weinberg / er dinget sie a=
ber alle/ so viel er jhr müssig stehen fin=
det und antrifft. Matth. 22. 14. wird
das Himelreich/ das ist die Christliche
Kirche / verglichen einem Könige/ der
seinem Son Hochzeit macht. An die=
sen beiden orten / wird zugleich die all=
gemeine Begnadung/ und die Güte
Gottes gegen alle Menschen gerhü=
met/ und wird angeklagt und gestrafft
die grosse undanckbarkeit / des meisten
teils der Menschen. Die verkündigung
der Gnaden ist allgemein/Viel sind be=

E   ruffen

ruffen: Aber in den folgenden Worten / Wenig sind außerwelet/ beklaget
Christus die vndanckbarkeit der Men-
schen/vnd das jr so wenig diegnad an-
nemen/ vnd jhr so wenig gleuben / vnd
GOtte von Hertzen dienen vnd ehren.
Diese klage des HErrn Christi/stimbt
vberein/mit der klag Matt. 23. 3. Wie
offt hab ich dich versamlen wollen / wie
eine Henne jre Kücklein samlet? Aber du
hast nicht gewolt. Hat sie nicht gewolt/
so ist sie nicht aus ··· t gedrungen vñ ge-
zwungen/ sondern aus mutwillen/für-
setzlich vnd eigenwillich verdorben. Es
sein Leut/die da vermeinen / diese Lehre
von der allgemeinen annehmung vnd
begnadung aller Menschen/streite wider die Lehre von der Versehung /
Schreien derhalben/das diese die Lehr
von der Versehung vmbkeren/ welche
lehren/das GOtt alle Menschen selig.

haben

Wir leh-
ren beiders / denn wir predigen / das
Gott alle Menschen selig haben wolle / vnd bekennen / das Gott seine Aus-
erwehlten versehen habe / ehe denn der
Welt grund gelegt worden / wie Paulus lehret / Ephes. 1. Was sag ich / wir
bekennen? ja wir schliessen vnd halten
für gewis vnd wahr / das die versehung
der sterckste grund sey vnserer Seligkeit / dazu wir allzeit / fürnemlich aber
im Todeskampff / als zu vnserm letzten
heil / zuflucht habē. Aber wir bleibē nit /
wie des Philosophi Zenonis Schüller
vnd anhenger bey dem wörtlein / Versehung / allein / sondern rhümē die weise
der versehung vnd erwelung mit Pau-
lo / denn derselb erzelet solche weise der
erwelung mit klaren worten: Eph. 1. 4.
Er hat vns erwelet (spricht er) in Christo / ehe denn der Welt grund gelegt

E ij   ward

ward. Item / Ephef. 1. 5. Er hat vns
verordnet zur Kindschafft gegen jhm
selbs / durch JEsum Christum / nach
dem wolgefallen seines willens / zc. J-
tem ver.6. Zu lob seiner herrlichen gnade / durch welche er vns hat angenem
gemacht/in dem Geliebten.

Alhie beschreibt S. Paulus klar
die versehung/vnd lehret/das vns Gott
zur ewigen seligkeit versehen hab/durch
Christum / vnd in Christo : Durch
Christum zwar / als den Mitler vnd
das Lösegelt / In Christo aber / als in
dem Haubt vnd mit dem Haubt / dessen Gliedmas wir werden / durch den
Glauben. Denn wenn wir durch den
Glauben Christo eingeleibt werden/so
werden wir seine Gliedmas / vnd derhalben sein wir erwehlet vnd versehen/
sintemal wir Christi Gliedmas sein.

Daraus schlies ich nu eine Christliche

S. Erklärung
offt gran te
Schrimm zu
willen: ...
herrliche:
hat au...
en
Paulus ...
das verste-
en hab nu...
io : Der
Mitler e-
ber / also
aubt /des
durch dem
yurch dem
werden/se
/ vnd der
verschen/
nas sein.
ne Christ-
liche

liche vnd nicht Stoizische beschreibung
der versehung/ nemlich diese: Die versehung ist eine ordnung Gottes / dardurch er vor erschaffung der Welt /
nach seinem wolgefelligen rathe vnd
willen/durch Christum vnd in Christo
zum ewigen Leben verordnet vnd aus-
ersehen hat / alle die / so da gleuben an
den Erlöser Christum/auff das sie hei-
lig vnd vnstrefflich sein für jm/vnd das
sie seine Ehr/Gnade/Güte vnd Wol-
that in alle ewigkeit rhümen/loben vnd
preisen sollen.

Hieraus ist leicht zuuersiehen/das
die Lehr von der versehung/dem willen
Gottes nicht widerstrebe / in deme er
wil/das alle Menschen sollen selig wer-
den/ vnd zum erkentnis der warheit komen: Das sie auch nicht auffhebe die
allgemeine Begnadung aller Men-
schen/die das Euangelion verkündigt/

sondern sie viel mehr bestetige. Darumb so werden die obangezogenen
Sprüche / von dem genedigen willen
Gottes / der da wil / das alle Menschen
sollen selig werden / erkleret vnd erleu-
tert durch die lehre von der versehung /
vnd stimmen mit derselben vberein / wie
wir an andern orten weitleufftiger be-
richt vnd erklerung hiervon gethan haben.

Aber der Stoicorum Versehung /
dauon etliche viel halten / setzen viel
Gottselige vnd trewe Lehrer des Euan-
gelij / diese vier Schilde entgegen / nemlich / Das allgemeine Gebet / vnd allgemeinen befehlich GOTTes / Die
allgemeine Verheissung / Das allgemeine Lösegelt / vnd allgemeine Si-
gel / nemlich die Tauffe. Denn gleich
wie GOtt befihlt / das Euangelion zu
predigen allen Völckern / vnd verheisset
allen

allen die dem Euangelio gleuben / die
ewige Seligkeit / vmb des Opffers des
Sohns GOTTes willen / der ſich
auffgeopffert hat für der gantzen Welt
Sünde / Alſo befihlet er auch ſolche
Wolthaten allen Menſchen zubeſte-
tigen/ vnd zuuerſiegeln durch die Tauffe. Die vier Stück/ſein zugleich ver-
faſſet in dieſem Spruch des HER-
REN/ Marci am 16. ver. 15. Gehet
hin in alle Welt/ prediget das Euangelium allen Creaturen/ Wer da gleubet vnd getaufft wird/ der ſol ſelig wer-
den/ Wer aber nicht gleubet der ſol verdampt werden.

Von der vierden vrſach der
Verzweiffelung.

Je vierde vrſach der verzweiffelung iſt/ das man vermeint/ man
habe die Sünde in den heiligen

E iiij   Geiſt

Geiſt begangen: Welche Sünde/ wie
Chriſtus zeuget/ nicht kan vergeben
werden/vnd wird genent/ Die Sünde der Gottsleſterung / vnd die Sünde zum Tode. Es ſein ihr viel geweſen
vnd noch/welche/ weil ſie nicht wiſſen/
wie es vmb dieſe Sünde eine gelegenheit hat / laſſen ſie ſich bedüncken/ ſie
ſein dieſer ſünde ſchüldig / daher kompt
es / das ſie an der vergebung elendig-
lich verzweiffeln/wie zu vnſern zeiten einem Wahlen begegnet Francilco Spi-
ræ, welcher von einem Cardinal gegen
Venedig citirt wurde / vnd allda aus
furcht das Euangeliun verleugnete /
das er zuuorn bekant hatte. Dieſer
armer Menſch/ verſtuudt nicht recht/
was die ſünde in den heiligen Geiſt ſey/
wie ſolches in Petro zuſehen / welcher
auch für furcht Chriſtum verleugnete
vnd verſchwure. Damit nu niemand
ſich

ſich irre / ſol man eine Beſchreibung
der Sünde in den heiligen Geiſt / mit
fleiß aus der Schrifft vnd GOTtes
Wort zuſamen faſſen / welche dieſe iſt :
Die Sünde in den heiligen Geiſt iſt /
eine wiſſentliche vnd willigliche wider⸗
ſtrebung wider Chriſtum / den man ein
mal erkant hat / ein abfall vom Euan⸗
gelio / das in eins Menſchen Hertz / wel⸗
ches der heilige Geiſt erleuchtet hatte /
verſiegelt ware / vnd iſt eine verfolgung
der Kirchen / vnd entliche verachtung
vnd hinwerffung des Opffers Chriſti /
welchs allein die Sünde tilget. Dieſe
beſchreibung iſt genomen / aus gegen⸗
einander haltung vieler Sprüche der
Schrifft / wie anderswo angezeiget
worden.   Es wird aber dieſe Sünde
beſchrieben / das ſie vnuergeblich ſeÿ /
vnd nimermehr vergeben werde / nicht
darumb / das ſie mechtiger oder gröſſer
                        E v   ſeÿ /

fey/ denn die Gnade: Denn diese Regel S. Pauli steht vnbeweglich: Die Gnade ist grösser vnd mechtiger/ als die Sünde/ Aber weil kein ander opffer mehr ist für die Sünde/ als des HErrn Christi/ so mus der Mensch der solch Opffer biß an sein end veracht/ ohn allen zweiffel ewig verdampt sein. Derhalben so sol jm niemand in sinn nemen vnd dencken/ das er wider den heiligen Geist gesündigt/ oder die Sünd in den heiligen Geist begangen habe/ als allein dieser/ der fürsetzlich/ mutwillig/ freiwillig vnd aus wolbedachtem muth Christum entlich vnd gentzlich fahren lest/ vnd sein Opffer biß in den tod verachtet vnd vbergibt/ ausser welchem Opffer keine Seligkeit zugewarten ist. Vor dieser Sünde wolle vns vnser HERR vnd Heiland Jesus Christus mit gnaden behüten vnd bewahren.

Von

: Damdir?
nbem...
P mcher:
'kcu ax...
e/als...
Mctn...
verad...
mpf fan...
d in furmra
der den his
· Eund int
habe/ d
/ murtri.
dtem min
lich fahrer
en tod ver
r welchen
erwarten ist
vns vnd
is Christus
vehren.
Von

Von der fünfften vrsach der Verzweiffelung.

Ie fünffte vrsach der verzweiffelung haben wir gesetzt / Die schwere Last des Menschlichen Jammers vnd Elends/ so vns ohn vnterlas drucket vnd ob dem Halse ligt/ Denn so diese nicht durch eine krefftige Artzney gesenfftiget vnnd geheilet wird/ stürtzet sie entlich den Menschen in Verzweiffelung. Denn anfenglich werden dadurch die Verheissungen der Gnade vnd Güte GOttes im Hertzen allgemach ausgelöschet / vnd verlischt der Glaube. Darnach erhebt sich im Hertzen ein schmertzliche Pein / die das Gewissen zerstöret / Darauff folget ein Murren wider GOtt / Dabey entlich der Mensch in verzweiffelung felt/Auff die verzweiffelung

Jung folgt ewige Marter vnd Pein der Seelen vnd des Leibs/ in der eussersten Finsternus.

Was ist als denn für Rath vnd Artzney wider diese Last Menschliches Elendes in diesem Leben / auff das es den Menschen nicht in verzweiffelung pringe vnd bringe? Man sol diesem vbel dreyerley Artzney entgegen setzen,

Nemlich :

I. Gottes Rath.
II. Die Exempel der Heiligen.
III. Die Vergleichung dieses vers gencklichen Creutzes / vnd die es wige Glori vnd Herrligkeit. Item des zeitlichen Leidens / vnd der ewigen Pein.

I, Der Rath Gottes / In deme er etliche weniger / etliche mehr / ob sie schon gleich gesündiget / in diesem Leben/

ten in
aerter
vernis
Rath
diesem
zubern
Gott
Gott
billich
in der
ches e
trifft
te zu
Rat
in de
thue
Gio
tött
die s
hebe
das

vnd Text
. it der text

m für
ast Mose
den
n verstan...
Man höre
...entgegne

Heiligen
dieses
g/und die
...ligkeit
...eidens/

/In dem
mehr/ ob
n diesem
ba

ben/ mit Creutz belegt / ist nicht so sehr zuerforschen/als ehrerbietig zuuerwundern/denn er hat dieses seines gerechten Raths vnd thuns grosse vrsachen. In diesem Göttlichen rath/ sein zwey ding zubetrachten vnd warzunemen/ Das Gericht vñ die Barmhertzigkeit. Das Gerichte zwar / das er den Menschen billich strafft vmb der Sünde willen/ in der Natur vnd in der Person/ Welches er denn zu dem ende thut aus Väterlicher Liebe/ das er jm den weg bereite zu seiner Barmhertzigkeit. Die Barmhertzigkeit aber ist dahin gerichtet/das der Gezüchtigte vmbkere/busse thue/ vnd selig werde: Denn das ist Gottes art vnd natur/ das er zu erst tödte/ auff das er lebendig mache/ In die Helle füre/ auff das er in Himel erhebe.Darumb werden diese zwey ding das Gerichte/ vnd die Barmhertzigkeit/

keit/ in einem mit creutz belegten Menschen erstlich erwecken / ein Bekentnis
der Sünde/damach die anruffung/die
Danckfagung vñ die hoffnung.Das be-
kentnis/dz er spreche mit Dauid/Pfal.
51. 6. an dir allein hab ich gesündiget/
vnd vbel für dir gethan. Item/Pfalm.
119. 137. HErz du bist gerecht/vnd gerecht ist deinGerichte.Die anruffung/
das er spreche mit dem Zölner/Luc. 18.
13. Gott bis mir Sünder gnedig. Ité/
Pfal. 25. 11.Vmb deines Namens wil-
lenHErz/sey gnedig meiner missethat/
die da gros ist. Item/ Pfal. 51. 1. Tilge
meine sünde nach deiner grossen barmhertzigkeit. Die danckfagung / das er
mit Job spreche/Job 1. 21. Der HErz
hats gegeben/der Herz hats genomen/
der Name des HErzn sey gelobet. Die
hoffnung / das er mit warem Hertzen
gleube vnd spreche mit Job 13. 15.Vnd
wenn

wenn du mich gleich tödten würdest /
wil ich dennoch auff dich hoffen. Das
ist / vnd ob du mich gleich werffen würdest in die letzte vnd eusserste noth / vnd
tieffstes Elend / wil ich doch nicht auffhören auff dich zuhoffen / Denn diese
meine hoffnung / wird in ewigkeit nicht
zuschanden werden.

II.   Die Exempel der Heiligen / welche von wegen langwiriges Creutzes
vnd Elendes / dannoch den Glauben
nicht haben fahren lassen / sondern haben gute Hoffnung geschepfft / vnd sich
wider auffgerichtet / weil sie sich zuer-
innern gewust / das das Gericht an-
fecht am Hause des HErrn / deren Exempel wir in der Schrifft allenthalben
viel finden / Aber vnter denen allen /
wil ich nur eins einfüren / nemlich des
armen Lazari / welches der Kirchen bekant ist / sonderlich weil vns Christus
selbs

selbs diß Exempel rhümet / Luce 16.
20. zu dem ende / das wir vmb dis zeit=
lichen Eelends vnd Widerwertigkeit
willen / keins weges von Gott abfallen
sollen / Gott gebe/ was für Leiden vnd
Creutz wir haben vnd tragen mögen.

Dieser Lazarus war arm/ voller
Geschwir / vnd war veracht in dieser
Welt/ so lang er lebte / Was thet er a=
ber darbey? Er verzweiffelte drumb
nicht/auch gedacht er nicht/ das er von
Gott verlassen/verstossen vnd verworf=
fen sey / ob er gleich bey den Menschen
veracht war / vnd niemand nichts von
jm hielte/Er gedachte nicht/das er dar=
umb auch für Gott ein grewel sey / ob
gleich die Menschen für jm ein abscheu
trugen / wegen seiner abscheulichen
Kranckheit/Auch dachte er nicht / das
er derhalben von Gott verworffen sey/
ob er schon arm/ elend vnd ein Betler
ist.

t / Luce 16.

vmb dis tu
dentrauste
hen ir zgt
ir lebens
gen zha
r arm ea
acht in dis
las tha a
Felit drun.
das er vo
vd verirt
Menschen
nichts ver
as er dar
vel sey / ob
in abschu
cheulichen
nicht / das
orsten sie
am Bettle
ist.

ist. Was that er denn? das zeigt der
ausgang an / Nach dem er gestorben/
tragen jhn die Engel in Abrahams
Schos. Darumb ist er die zeit seines
Lebens/so arm/geschwirig vñ veracht/
er ware in Abrahams Fustapffen ge-
treten / als der Sohn in des Vaters
Fustapffen/ vnd ist darinne beharlich
vnd bestendig blieben / Hat derhalben
Gotte gegleubt / wie Abraham / hat
Gott gehorsam geleistet / wie Abraham / hat in Gott gehofft wie Abraham / sonst würde er in die ewige Se-
ligkeit/wie Abraham / nicht auffgenomen sein worden. Hie wirstu vielleicht
sagen:Das ist ein sonderlich Exempel/
vnd kan nicht für eine allgemeine Regel gehalten werden.Darauff antwor-
te ich: Es kan dis Exempel freilich für
eine allgemeine Regel angezogen wer-
den/ denn Gott ist gerecht / vnd allent-

F   halben

halben gleich gesinnet / in sachen die
sich gleichförmig zusamen gehalten /
vnd ist bey jm kein ansehen der Person/
so viel sein Gericht vñ Barmhertzigkeit
betrifft. Durch sein strenges Gericht/
verdampt er alle freche / mutwillige
Menschen / die in Sünden beharren
biß in den Tod. Durch seine Barm-
hertzigkeit/nimbt er zu gnaden an/ alle
die/die sich durch den glauben an Christum bekeren. Derhalben so gilt diese
folge / das man argumentiert von einem zu allen/ wegen der bestendigkeit/
die Gott helt / beiderst in seinen bedrawungen vnd verheissungen. Gleich
wie auch Paulus Roman. 4. 23. aus
Abrahams Exempel schleust / das alle
die da gleuben/durch den Glauben gerecht werden/ ohne die Wercke. Also
schliessen wir auch von des einigen Lazari Exempel billich vnd recht/das alle
arme

arme / elende / geplagte vnd mit viel
Creutz vnd Widerwertigkeit belegte
Menschen in dieser Welt / so fern sie
nur Abrahams glauben behalten vnd
bewaren / in ihrem Tode auffgenomen
werden/in die Schos Abrahe/ das ist/
in die ewige Seligkeit/die da verheissen
ist allen / die den Namen des HERrn
anruffen/wie im Propheten Joel stehet:
2. 32. Rom. 10. 13. Wer den Namen
des HERrn wird anruffen/ der sol selig
werden. Derhalben so wir in dieser
Welt noch so sehr verfolgung vñ trübsal ausstehen müsten / sollen wir doch
gewiß schliessen / das Gott gegen vns
nicht anders gesinnet sey/als wie er gegen Lazaro gesint gewesen / vnd sollen
mit starcken Glauben diese verheissung
halten: Psalm. 50. 15. Ruffe mich an
in der not / so wil ich dich erretten / vnd
du solt mich preisen.

III. Die gegeneinanderhaltung des elends dieses gegenwertigen lebens/ vñ der herligkeit des zukünfftigē lebens/ ist die dritte Artzney wider die Verzweiffelung. Jenes hat ein ende/diese ist ewig/ jenes ist zeitlich vnd vergentglich / diese ist vnendlich / vnd ist denen verheissen vnd zugesagt/ die im Glauben verharren / vnd in anruffung GOttes / aus diesem Leben abscheiden. Aber es ist schwer/bitter vnd herb (sprichst du)die gantze zeit seines Lebens gequelet vnd geengstet werden/Ja zwar/ es ist war/ aber diese bitterkeit wird / so man die Kunst/so vns Gott gelehrt hat/hierzu gebraucht vnd anwendet/in eine süssigkeit verwandelt werden / also/ das / ob schon das Creutz an jm selbs eine Bitterkeit bleibt/ es doch den Menschen lieblich vnd süß bedüncke. Denn gleich wie das Wasser zu Morath/nach dem

Moses

haltung des
n lebens en
ge lebens ;
Vertraw
leben zu
ngen zu
in vertegen
den vertaw
Dtres aus
Aber es ist
Chisti du ju
uelet re
s ist trov,
man die
/ hierzu
ie süssig
das / ob
ine Bit
den schen
in gleich
ach dem
Moses

Moses Holtz drein warff/ aus Gottes
befehl gantz süsse worden/ Exod. 15.25.
Also wird den Gleubigen alles Creutz
lieblich vnd sües / so sie das Holtz des
Creutzes vnd Leidens Christi / als eine
würtze dran legen. Das geschicht / so
wir in vnserm Creutz vnd Leiden / vns
mit lebendigem vertrawen auff Christum / sencken vnd lenden / der für vns
am Holtz des Creutzes gehangen hat/
auff das alle Bitterkeit vns werde zur
Süssigkeit / im vertrawen auff Chri-
stum/ vnd hoffnung des ewigen Lebens
vnd der ewigen herrligkeit /welche weit
weit vbertrifft alles dieses Lebens elend
vnd noth / wenn sie auch noch so lang
werete. Denn gleich wie das Meer
vielfeltig vnd vbermessig vbetrifft / einen tropffen Wassers / also vbertrifft
auch die Herrligkeit / dero wir gewar-
ten/vber alle die maß/ das leiden dieser

F iij   Welt

Welt / vnd alles Menschliches elend.
Derhalben sol ein jeder der in diesem
Leben stets für vnd für im Creutz vnd
Elend schwebt / damit gepreßt vnd ge-
druckt wird / stets dencken an die vber-
schwenckliche Herrligkeit / die da zugewarten haben / alle die jenigen / so in der
anruffung des H E R R N / von dieser Welt abscheiden.   Diese vergleichung vnd gegeneinander haltung der
gegenwertigen Trübseligkeit vnd der
zukünfftigen Herrligkeit / bilden vns
ein / der H E R R Christus / Paulus
vnd Petrus. Der HERR Christus /
Matth.10.28. Fürchtet euch nicht für
denen / die den Leib tödten / vnd die Sele nicht mögen tödten / Fürchtet euch
aber viel mehr für deme / der Leib vnd
Seele verderbe mag in die Helle. Verderben heist hie nicht vertilgen oder zu
nichte mache / sondern in die ewige Pein
werffen.

werffen. Darumb wil der HErr/das/so
wir in diesem Leben das Creutz tragen/
wir zweyerley sachen gegeneinander
halten sollen/neinlich/eins das leiden
dieser Welt/vnd die ewige Pein/Das
ander das Leiden dieser Welt/vnd die
künfftige Herrligkeit inn ewigen Leben.
Derhalben wenn du Creutz vñ trübsal
hast auff dieser Welt/so gedenck wie
kurtze zeit dieses leiden vnd trübsal weh-
ret/die fast nur ein Augenblick zu ach-
ten ist/gegen der ewigen Pein/in der
Hellen/welche alle die zugewarten ha-
ben/die sich vor dem tod nit zu Gott bekeren. Dadurch wirst du zur Buß erweckt vñ gereitzt/damit du der schwere
vñ ewigen Pein in der Hellen entgehen
mögst. Widerumb/wenn du bekümert
vñ betrübt bist/so gedenck wie ein schlech-
te straff diß sey/gegen die ewigwerende
glori vnd herligkeit des ewigen Lebens/

F iiij   welche

welche alle denen verheiſſen vnd zuge-
ſagt iſt / die an Chrtſtum gleuben / hie
wirſt du abermal erweckt zur Buß
vnd zur Gedult : Zur Buß / auff das
du der ewigen vnd ſeligen vnſterbligkeit
teilhafftig werdeſt. Zur Gedult / das
du in der Hoffnung der verheiſſenen
ewigwerenden Seligkeit mit ſtarckem
mut dieſer zeit leiden ausſtehet / vnd daſ-
ſelb für nichts achteſt. Paulus 2. Cor.
4. 17. Vnſer Trübſal die zeitlich vnd
leicht iſt / ſchaffet eine ewige vnd vber
alle mas wichtige Herrligkeit / vns / die
wir nicht ſehen auff das ſichtbare / ſondern auff das vnſichtbare. Item / Roman. 8. 18. Ich halte es darfür / das dieſer zeit leiden / der herrligkeit nicht wert
ſey / die an vns ſol offenbaret werden.
Item / 1. Pet. 5. 10. Der Gott aber aller Genade / der vns beruffen hat / zu
ſeiner ewigen Herrligket in Chriſto Jeſu /

su/der wird euch / die jr eine kleine zeit leidet/ volbereiten/ stercken/ krefftigen/ gründen / Demselbigen sey ehre vnd macht/von ewizkeit zu ewigkeit Amen. Kurtz dauon zureden: Weil wir zweyerley befehlich haben von Gott / einen des Gehorsams/ den andern der Anruffung: So sollen wir/ so offt wir mit Creutz belegt sein / es sey so schwer es wolle / Gotte vnter dem Creutz gehorsam sein / in warer gedult/ vnd sollen den anruffen/der da spricht/ Psal. 50. 15. Ruffe mich an in der not/ so wil ich dich erretten/vnd du solt mich preisen.

Von der sechsten vrsach der Verzweiffelung.

Die sechste vrsach der verzweiffelung ist / die veraltete vnd langwirige gewonheit zu sündigen. Dadurch der Mensch sich dem Teufel

F v   sel

fel gantz vnd gar vnterwirfft/vnd Gott
vnd sein Wort veracht.　Denn die
Menschen so der vnreinigkeit des Lebens zu lange nachhengen/ derselbigen
Gewissen kriegt ein Brantmal/1.Tim.
4.2. das sie den Schaden nicht mehr
fülen. Derhalben so sein solche Leut
vbel zubekeren. Der Gottlose (spricht
Salomon Prouerb. 18. 3.) wenn er
zu tieff hinein kompt in die Sünde/
veracht er sie/ vnd schlechts in Wind/
das ist/ er wird sicher/ vnd veracht
GOTTes Gerichte/ vnd denckt kein
mal/ das er vmbkeren vnd Busse thun
wolle.　Darumb ist nichts geferli-
chers/ als eine solche gewonheit zu sün-
digen/ dadurch jhr viel/ leider Gottes/
in das eusserste verderben gestürtzt werden.　Was sollen wir nun hierzu sagen? So die Gnade mechtiger ist/als
die Sünde/vnd Gott nicht will den tod
des

und Gott
Denn die
keit des L
derselben
mal den
me nicht
solche be
lose (synd
.) wenn a
: Chnit/
in One
o bersi
erucht den
uffe thun
gescheli
t zu sün
Gottes
irkt her
hierzu ia
er ist/als
l den tod
des

des Sünders/ so mus man je in diesem
Fall auch noch nicht gantz und gar
verzweiffeln. Denn das ist gewiß/das
die Gütigkeit GOTTes alle Menschen zur Busse reitzet und locket/ so
lang sie hie leben/Rom. 2. 4 Ob nun
wol die langwirige gewonheit zu sün-
digen/ sehr gefehrlich ist/ wie gesagt/
dadurch eine lange aber klegliche Reihe
der Sünden angezettelt wird/ dannoch stehet den Bußwirckenden und
Rewenden GOTTes Barmhertzig-
keit noch allzeit offen/ Aber hierzu be-
darff man eines gescheiden Artztes.
Denn wie es in heilung der leiblichen
Gebrechen zugehet/ also ist von nö-
ten/ das man auch umbgehe und ver-
fahre in heilung der Sünden und be-
terung der Sündigen Menschen.
Die leiblichen Gebrechen/Etliche werden leichtlich geheilet/durch auffiegung
eins

eines Weichpflasters / Etliche mus
man schneiden/die man mit dem schnei-
den nicht weg nehmen kan / die mus
man mit brennen hin nehmen. Also
auch werden etliche Sünden / durch
heilsame ermanungen gewendet/ Etliche werden durch Straffen vnd Be-
drewungen geheilet/ Etlichen aber kan
nicht gerhaten werden/als durch creutz
vnd leiden. Dieser art ist die veraltete
vnd langwirige gewonheit zu sündi-
gen/dauon wir jetzund handeln. Der
Schecher / zu welchem der HERR
spricht: Heut wirst du bey mir sein im
Paradiß/were nimmermehr bekert wor-
den/ wenn er nicht durchs Creutz were
dazu gebracht worden/ denn er war in
der sünde gar ersoffen. Dieses Sche-
chers Exempel wird ons derhalben für-
gestelt in der Passion/auff das wir daraus lernen/ das keine Sünde so gros
vnd

vnd schwer noch so langwirig sey / das
sie nicht könne geheilet werden / durch
besprengung mit dem Blut Christi/
welchs geschicht/so der Mensch sich zu
Gott bekeret / durch den Glauben an
Jesum Christum. Dieser heilwertigen
Hülff vnd Artzney wider die langwiri-
gen getriebenen Sünden/wird vns ein
fürbild dargestelt in Lazaro / welcher
schon vier tage tod im Grabe gelegen/
Denn gleich wie der H E R R Christus nicht allein S.Petri Schwieger/
Mutter/die am Fieber kranck lage hat
heilen/ Blinde/ Lahme/ Aussetzige ge-
sund machen/ Item Jairi Töchterlein/
das tod auff dem Bette lag / ja auch
der Witwen Sohn zu Nain/ welchen
man zu grabe trug ausser der Stadt/
sondern auch Lazarum/ der vor vier
tagen gestorben / vnd schon begraben
vnd stinckend worden war/ wider lebendig

bendig machen vnd ins Leben erwecken
konte / Johan. 11. 44. Also zeiget vns
die es Fürbilde auch an / das der Artzt
vnserer Seelen Jesus Christus auch
könne / beiderst newe vnd alte Wunden
der Seelen / heilen. Dieser vnser Artzt
hat geheilet Manassem / Magdale-
nam / den Schecher / vnd andere vnzehlich mehr / wie sehr sie auch in jhren
Sünden / als faulende Aaß gestun-
cken.   Derhalben sol niemand verzweiffeln an vergebung seiner Sünden / ob er gleich auffs lengste sich in
der Sünden schlam vnd stanck gewel-
tzet habe.   Wird er nun durchs Few-
er des Creutzes angegriffen vnd ge-
brant / vnd wird also dadurch sein Gewissen erweckt / das lange zeit in tieff-
ster sicherheit geschlaffen / als wers mit
Allrauntranck eingeschlefft / der dancke GOTT darfür / das er jhn wir-

dig

n etweden
jgen eng
as der Artz
rtzius auch
te Sünden
vnd Artz
Magdale
andere ru
uch in jhren
laß gesun
einander ver
irter Sün
jste sich in
nick gewes
chs Fewr
a vnd ge
h sein Ge
zeit in uffi
s wers mit
/ der dan
r jhn wir
dig

dig geacht hat/ seine heilwertige Hand
an jhn zulegen/ vnd bekere sich von seinem Gottlosen Leben vnd Wandel/
durch den Glauben an JESVM
CHRIstum. So er das thun wird/
so wird er von seiner Kranckheit gene-
sen/ ob sie gleich lang gewehret vnd
gantz gefehrlich gewesen. GOTT
hat allzeit Lust (sagt Fulgentius) vnd
Freude an vnser Bekerung/ Derhalben hat er keine zeit bestimbt/ so lang
wir hie leben/ darinne er den Büssen-
den vnd Bekerenden nicht gnedig sein
wolle/ ja es lest sich ansehen/ Als hab
er die gantze zeit vnsers Lebens be-
stimbt/ zu vnserer Bekerung. Auch
sagt er ferner: Kein lenge der zeit/ be-
nimbt was der Göttlichen Gütigkeit
vnd Frömmigkeit. Die Buß ist bey
GOTT nimmer zu spathe/ in deffen
Augen

Augen allzeit für gegenwertig gehalten wird / das vergangene so wol als
das zukünfftige. Wenn die langwirig-
keit der Sünden/vbertreffe die Barmhertzigkeit GOttes/ so were er nicht al-
lererst im letzten teil der Welt kommen/
das er die sünde der abgehenden Welt
weg neme. Doch sol ein jeder zuförderst
bedencken/wie viel vnrath bey einer ein-
zigen Sünden sich samlet vnd heuffet:
1. Erstlich ist die Sünde an sich selbs
schnöde vnd abscheulich/dadurch die
wirdigkeit Menschlicher natur verstelt
vnd beschmeist wird/ als mit dem aller
scheutlichsten stanck vnd vnflat. 2. Zum
andern/ gefelt es den vnsaubern Gei-
stern den Teuffeln vber die maß wol/
wenn ein Mensch Sünd vnd Schand
begehet/ vnd kan inen nichts angeneh-
mers widerfaren/ als wenn die Men-
schen/ die zu Gottes Ebenbild erschaffen sein/

rig gehal=
fo wol als
lanzierig=
: die Bam=
r ergeben/
elt kommen/
enden Zeit
r zusieder/
en einer en
vnd heuffen
m sich selbs
durch die
ur versiel=
dem alle.
it. 2. Zum
dern Gei=
naß trol/
Schand
angench/
die Men=
d erschaf=
fen sein/

fen fein / durch die Sünd/ ihnen gleich
werden / Denn die Teuffel herrschen
durch die Sünde ober die Menschen /
vnd weiden vnd mesten sich dauen /
wie Augustinus sagt. 3. Zum dritten
misfelt dem heiligen vn keuschen Gott/
die Sünde zum höchsten / denn sie ist
eine obertretung des Göttlichen Gese=
tzes/ Ein abfall von Gott/ Eine verstel=
lung vnd zerstörung des Bildes Got=
tes / dazu der Mensch erschaffen ist /
Vnd reitzet GOtt zu zorn/ wider den
sündigen Menschen. 4. Zum vierden
schadet die Sünde dem Sünder/denn
sie verbindet in zur ewigen straff/ do er
nicht vergebung erlangt. 5. Zum fünff=
ten schadet der Sünder andern Men=
schen / mit bösem Exempel / denn die
so dir disfals nachfolgen/ werden nicht
allein für ihre Person schüldig des ewi=
gen verdammis / sondern es wird auch

G   dene

deine schult für Gott desto grösser vnd schwerer/also das Christus spricht von solchen Menschen: Es were besser das jm ein Mülstein an Halß gehenckt we- were / vnd das er ins Meer geworffen würde/ da es am tiefffsten ist.

Darnach bedencke/ wie angenem vnd lieb Gott vnd den heiligen Engeln sey/das man bey zeit vmbkeret vnd bus- se thut. Es ist (sagt der HERR) gros- se Freude / bey den Engeln/ vber einen Sünder / der da Busse thut. Ferner gedencke/wie gefehrlich es sey/in Sün- den veralten / Spathe Busse ist / wie Augustinus sagt/selten eine ernste bus- se. Ihr viel werden vrplötzlich ohne al- les versehen dahin geruckt / vnd jhr viel gedeyen in einen verkarten Sinn. Ihr gar wenig / die in Sünden erstarckt vnd alt worden sein / werden auff die rechte Bahn wider gebracht/ sondern werden

werden durch die finsternis des gemüts
vnd Hertzens vberfallen / das sie nim=
mer gedencken Busse zuthun. Sopho=
nias spricht cap. I. 17. Sie sollen vmb=
her gehen / wie die Blinden / darumb /
das sie wider den HERRN gesündi=
get haben / sie samlen jhn den Zorn auff
den Hals / auff den Tag des zorns / vnd
der Offenbarung des gerechten Ge=
richts Gottes. Paulus spricht / Rom.
2. 5. Nach deinem verstockten vnd vn=
busfertigen hertzen / heuffest du dir selbs
den Zorn / auff den Tag des zorns vnd
der offenbarung des gerechten Gerich=
tes Gottes. Gedenck / das dein sündli=
cher wille / nicht kan geendert werden /
zum guten / one die gnade Gottes / son=
dern das er je lenger je mehr im bösen
verhartet wird. Denn gleich wie auff
die Sonne / wenn sie jhre Stralen ein=
zeucht / von sich selbs Finsternus drauff

G ij   folgt /

folgt / das darnach je lenger je ſtercker
wird / Alſo / wenn Gott ſeine Gnade einem Menſchen entzeucht / folgt die ſünde darauff von jhr ſelbs / vnd nimmet je
lenger je mehr zu / biß das ſie den Menſchen in die ewige Finſternus ſtürtzet.
Derhalben iſt nichts ſicherer / denn
zum aller zeitlichſten ſich zu dem HEr-
ren zubekeren / vnd ſorgfeltig wandeln
für vnſerm Gott / jn anruffen / jm dan-
cken / Gottes Wort hören / leſen vnd betrachten / die Werck der Liebe vben / die
Werck vnſers Beruffs treiben in der
Furcht des HERRN. Wir ſollen bedencken / das derhalben der tag des Todes / vnd vnſer Sterbſtündlein vngwis
vnd vns verborgen iſt / nicht das wir
die Buß auffzihen / ſondern zeitlich an
die Hand nemen ſollen / Denn jungen
Leuten ſtelt der Todt nach / vnd laurt
auff ſie / Aber der Alten wartet er für

der

ichende
Gnade er
lgt die sün
d'manax
t den sün
us wide
ttet / dan
dem Her
g frawlin
n/ sam des
sen und be
rhen/ die
en in den
sollen be
des To
engs wie
das wir
etlich an
n jungen
nd laure
et er für
der

der Thür. S. Auguſtinus füret einen denckwirdigen Spruch: Wir ſollen nicht (ſpricht er) mit verzweiffeln unſere Sünde mehren / denn uns iſt fürgeſtelt die anfurt der Buſſe: Hinwiderumb / damit wir unſere Sünden nicht vermehren / durch hoffen iſt uns gegeben / ein ungewiſſer tag unſers abſcheides. Darumb laſt uns darauff bedacht ſein / auff unſer letztes Stündlein und letzte Hinfart / damit dieſelbe frölich ſey: Laſt uns bedencken / das künfftige Gericht/ nach dem Exempel Hieronimi, der mit dieſen Gedancken ſich in der furcht Gottes behielte: Ich eſſe (ſpricht er) oder trincke / ich thue was ich wolle / ſo klinget mir alzeit für den Ohren die Stimme: Stehet auff ir Todten/und kompt für Gottes Gerichte. Man mercke alhie wol S. Auguſtini Rath: Wilt du vor dem zweiſ-

G iij   fel.

fel geſichert ſein / wilt du deme entgehen / was vngewiß iſt / thue Buſſe / weil
du geſundt biſt / Wirſt du das thun / ſo
gelobe ich dir / das du ſicher biſt / denn
du haſt Buſſe gethan / zu derer zeit /
da du noch hetteſt ſündigen
kdmen.

ENDE.

Gedruckt zu Berlin im Gra-
wen Kloster/ durch Nico-
laum Voltzen.

frö... gud offuer E...
hiue du wandere...
den andere...

Jch dancke dir Herre ge=
.... Vatter ...
Christum deinem ......
...... Herrn do ......
Vätterlich auß ......
bergangen Nacht ....
bewahret hast ....
Vnndt gnädig ....
zu bitte Jch dich gnädiglich ... .
... dir ...... Mann ......
.... gnädiglich
durch die krafft deines heiligen
geistes zu wahrer ....
.... vndt ...... durch
Jhesum Christum deinen lieben
.... vndt heylands